Karneval der Tiere

ROGER WILLEMSEN

Karneval der Tiere

Illustriert von Volker Kriegel

Eichborn.

Intro – Der Löwe

Hochverehrtes Publikum,
Damen, Herren, ungelogen:
Schön habt Ihr Euch angezogen.
Vom Pinguin den schwarzen Frack,
vom Goldfasan den Nagellack,
die dritten Zähne von der Zecke,
das Lipgloss von der Weinbergschnecke
und manche ält're Dame wusch
sich ihren Kopf Flamingo-Rouge.

Das sieht zwar tierisch festlich aus
und bringt Euch einigen Applaus,
doch im Vergleich zum lieben Vieh
seid Ihr nicht mehr als die Kopie
und gegen uns're Fauna nur
die schlechte Hälfte der Natur.

Könnt Ihr auch wiehern, fauchen, bellen,
Euch animalisch gut verstellen,
könnt »Hase« Euch und »Mäuschen« nennen
und wie die Schmusekater flennen,
könnt wie ein Haifisch Zähne zeigen,
wie die Amphibien ewig schweigen,
könnt gar wie eine Hirschkuh laufen
und »Homo sapiens« Euch taufen:

Vergeblich! Aus! Und ganz egal,
als Zoo seid Ihr viel zu banal,
und kraucht Ihr gar auf allen vieren,
der Karneval gehört den Tieren!

Drum sollt Ihr unsre Fauna schätzen
und still sein auf den bill'gen Plätzen.
Auch verbitt' ich mir Geläster
über unser Staatsorchester.

Gewiss, Posaune spielt die Qualle,
doch was erwarten Sie aus Halle?
Wer schleimt schöner in die Flöte
als unsre bunte Wabenkröte?

Und die Pinguinen-Nonne
haut bloß dreimal auf die Tonne
und zeigt statt dem Silberkreuz
selbstgeschoss'ne Polaroids:
»Mein Dom! Mein Bett! Mein Kloster!
Und hier noch mein Oblaten-Toaster!«

»Klappe!«, brüllt am Bass der Eber,
ihm läuft die Laus schon Richtung Leber,
worauf die Ferkel räsonnieren
und in die Partituren schmieren.

Doch der Eber nur zum Schein murrt,
er liebt eine Sau aus Schweinfurt.
Die hinten mit den Glocken bimmelt
und ihn in seiner Kraft anhimmelt.

Und notfalls ruht noch im Klavier
ein Reserve-Murmeltier.
Das sang der Eber zur Gitarre
in wochenlange Duldungsstarre.

Doch still jetzt! Alle auf den Posten!
Jetzt kommen Sie auf Ihre Kosten,
weil sich die Ohrtrompete füllt,
wenn unser Löwenkönig brüllt.

Hühner und Hähne

Die erste Reihe wirkt verklemmt,
sie machte sich bereits ins Hemd
und fing gehörig an zu zittern,
sah sie den Löwen vor den Gittern,
weil sie sich hoch gefährdet wähnte,
wo unser Leo nur mal gähnte.

Denn ohne alle falsche Scham
entblößt er gern sein Amalgam.
Auch den König uns're Wildnis
schuf der Herr nach seinem Bildnis.

Doch auf seinem Löwenthrone
sitzt er sichtbar ohne Krone.
Denn wie jeder Untertan
trägt er sie als Backenzahn.

Selbst der große Tier-Regent
reißt sein Reh dank Kukident,
und die wahren Monarchisten
fürchten nicht mal den Dentisten,
beißen unbekannte Dritte
nur aus erster Reihe, Mitte.

Madame, nun ham Sie keinen Schiss!
Viel schlimmer ist doch Ihr Gebiss,
wenn Löwen sich am Riemen reißen,
dann nur aus Angst, Sie könnten beißen.

Nein, jetzt wird sie grün und grüner,
ist ja gut, ich ruf die Hühner!
Seh'n Sie, vorn mit eig'nem Sockel
zeigt sich schon der Suppen-Gockel,
gefolgt, doch ohne Symmetrie,
von aufgescheuchtem Federvieh.

So, da atmen Sie schon freier,
hoffen auf verlor'ne Eier.
Aber hier ist nur verloren,
wer Tomaten auf den Ohren.
Und das mein' ich pädagogisch
und ein bisschen ökologisch.

Mancher findet es bestusst,
mancher bloß umweltbewusst,
dass zu Hühner-Kirchentagen
Hühner lila Feudel tragen.

Und vor jedem Opferlamm
singen »We shall overcome«,
halten, außer Müll zu trennen,
Mahnwachen für Legehennen,
wollen nur mit Lichterketten
Afro-Hühnerleben retten.

»Rettet«, kräht ein Stichwortgeber,
»lieber eure Hühnerleber!«
Ja, und Streit ist selbst entbrannt
um das Eierkastenpfand,
um das Puten-Quoten-Steigern
und das Hahnenkampf-Verweigern.

Hier kommt keiner unters Messer
in der Welt der Körnerfresser.
Das gesamte Hühnerhaus
sieht ganz menschenrechtlich aus.

Selbst ins Fenster der Mansarde
steigt ein Weltverbess'rungs-Barde
und beklagt mit Phantasie
jede Legebatterie.

Da sie nicht zum Weinen taugen
schließen sich die Hühneraugen
und der Hahn aus Pietät
hält den Rest des Tags Diät.

Der Esel

Weil der Hahn das Huhn besteigt,
hat das Huhn den Schluss vergeigt.
Denn er muss nur einmal flüstern,
schon wird unser Hühnchen lüstern,
will sich im Orchestergraben
an dem stolzen Hähnchen laben,
unter spitzem Lustgeschrei
wirft es uns ein Frühstücksei.

Winkt es mit der Bürzeldrüse,
kriegt der Dirigent die Krise,
»Aus«, schreit er, »Finito! Fin!« –
Hähnchen stirbt als Coq au vin.

Doch die andern auf dem Hofe
widmen ihm nur eine Strophe.
»Requiem für Haustyrann«
stimmt nun jedes Haustier an
und beginnt, sich aufzuführen
mit Marotten und Allüren.

Der Pfau stürzt fort in großer Robe
und kommt nicht mehr aus der Gard'robe.
Dort steckt er dann den Auerhahn
mit seiner falschen Trauer an.

Auch beim Nutzvieh wird man rauher.
Die Milchkuh blökt schon richtig sauer:
»Wenn mich der Stier nicht bald besamt,
dann piss' ich nur noch teilentrahmt.«

Das Pferd verlangt ein Freigehege
und pferdefreundliche Verträge:
»Ich werde meine Stimme schonen
unter diesen Konditionen.

Weiß mich niemand hier zu schätzen,
soll er mich doch umbesetzen,
Maestro, hurtig, time is money,
doch kein Maultier Don Giovanni.
So, jetzt weißt du, wie ich ticke,
nenn mich ruhig eine Zicke.«

»Und ich hasse«, schimpft das Fohlen,
»jeden weit'ren Reim auf ›Bohlen‹,
denn für solche Volksbelügung
stehe ich nicht zur Verfügung,
wiehere auch kein Duett
mit dem Pony im Falsett.«

Jeder hat was zu monieren
bei den Last- und Arbeitstieren.
Schon beruft man sich bei Schafen
selbst auf Gummi-Paragraphen.

Dem Orchestervorstand liegen
in den Ohren auch die Ziegen,
nur ihr Bock meint voll Verständnis
und mit braver Selbsterkenntnis:
»Ich geh' mir schon auf den Wecker,
weil ich von Natur aus mecker.«

Glücklich ist ein Solist,
der bloß seinen Hafer frisst,
sonst so gut wie gar nichts tut
und nur auf dem Lorbeer ruht.

Früher war er nicht so fett,
denn da trug er ein Terzett,
selbstlos und aus freien Stücken
auf dem starken Eselsrücken.

Damals, als ihn alle kannten,
Bremens Boygroup-Musikanten,
damals war er wunderbar,
heute ist er nur noch Star,
und wir fleh'n in stiller Trauer:
Spiel's noch einmal, Star, Du Grauer!

Die Schildkröte

Gut gewiehert, großer Säuger,
grauer I- und A-Erzeuger,
laut singst Du auf jeden Fall,
auf der Bühne wie im Stall.
Doch es gibt auch stille Stars …
drum verschwinde jetzt, das war's!

Dreimal schrei'n, schon bist Du heiser,
sieh die Kröte: Die kann's leiser,
lässt sich immer pünktlich blicken
und kennt keine Künstlerzicken,
keine blöden Stimmbandleiden,
immer bleibt sie höchst bescheiden.

Selbst für das Magnificat
fordert sie nur Blattsalat,
für die Kröten-Barcarole
allenfalls drei Blatt vom Kohle,
und für eine Passacaille
braucht man keine Wespentaille.

Unwahr ist, sie zög' sich aus
für ein ausverkauftes Haus,
fräße Kaviar bloß und Rogen,
ist erstunken und erlogen.

Und erlogen und erstunken
ist auch, Unken würden unken,
hätt' der Laubfrosch seine Tage,
fräße er nur Fruchteinwaage,
goldverzierte Ackerfurchen
seien Standard bei den Lurchen.

Mit Champagner Durst zu löschen
sei der Alltag unter Fröschen,
die ja überhaupt verpönt
seien und erfolgsverwöhnt.
»Auch der Kaiser ohne Kleider
ist nur nackt«, so spricht der Neider.

Nein, das muss ich mir verbitten,
denn amphibische Meriten
sollten stärker sein als Neid
auf so viel Persönlichkeit.

Was uns Moscherosch und Goethe
sind den Tieren Frosch und Kröte.
Denn ob Ein-, ob Fünfzehn-Akter
immer zeigen sie Charakter.

Die bescheidensten Familien
sind jedoch die Kleinst-Reptilien,
teilen noch den ärmsten Bissen
und ich möchte wirklich wissen,
wer ein schön'res Bildnis böte
als die brave Landschildkröte.

Diese zeigt sich immer fügsam,
immer reizend und genügsam,
und dann stellt man noch mit Schreck fest
sie wohnt schlicht bei Bed and Breakfast,
wohnt, nur um uns zu entzücken,
lebenslang im eig'nen Rücken.

Und nach Gottes Ebenbilde
führt sie was für uns im Schilde?
Wenn auch nur, auf allen vieren
stillvergnügt zu musizieren.

Hat den Kohl zwar kaum verwunden,
doch den Darmwind unterbunden,
und mit so viel Wohlgefühl
spielt sie aus dem Tier-Gewühl

Elegie für Ukulele,
Kontrabass und Krötenkehle,
und wir reichen uns die Hände,
dass sie nicht als Suppe ende.

Der Elefant

Seh'n Sie, die in Würde Alten,
die erkennt man an den Falten,
ihre hohe Runzel-Dichte
stammt aus tiefer Frühgeschichte.

Mal sitzt kaum noch ein Profil
in dem felsigen Fossil,
mal ein halber, mal ein ganzer
Schild geword'ner Krötenpanzer.

In der Welt von vor-vor-gestern
waren Brüder sie und Schwestern,
Schildkröte und Elefant,
faltig, aber anerkannt.

In der Welt von übermorgen
quälen sie ganz andre Sorgen,
denn als ihr sie herverschifftet,
waren sie noch ungeliftet.

Unsrem dummen Jugendwahn
machten sie sich untertan,
forderten von der Natur
eine schlankere Figur
und von der EU in Brüssel
einen DIN genormten Rüssel.

Der Elefant ist, wie Ihr wisst,
unser Crossover-Spezialist,
reist mit Schnulzen durch die Lande
und macht selbst den Schnulzen Schande,
doch kann er Techno auch und Rave,
kreiert sein eignes Aftershave.

Mal zählt er sich zum Klassik-Adel,
mal auch zum Musikantenstadl,
eröffnet Sanitär-Gebäude
nicht ohne »Ode an die Freude«.

Auch hat er sich nicht mal geniert
und siebzig Kräne dirigiert,
in einer Grube in Berlin,
das ham die Kräne nie verzieh'n.
Doch sein Stern ist nicht gesunken
unter so viel Götterfunken.

Im Gegenteil, denn die Kanaille
erhielt die Frustus-Gans-Medaille,
ist Träger eines Doktortitels
dank seiner Forschung zu den Beatles,
die hielt er lange, I am sorry,
für Tänzer aus der »West Side Story«.

Inzwischen kennt er kein Pardon
bei Rock und Pop und auch Chanson,
im Existenzialisten-Dress
wagt er sich sogar an Jazz,
gehört, statt in den Zoo of Fame,
viel eher in die Hall of Shame.

Völlig außer Rand und Band
donnert jetzt der Elefant:
»Ich will Feiern, Parties, Feten.«
Halt den Rüssel, geh trompeten!

Das Känguru

Merken Sie, der Elefant
hat sich kaum noch in der Hand.
Wie er nach dem Beifall schielt
und den Reinfall überspielt!

Heimlich ist er tief verstimmt,
was jedoch nicht wunder nimmt,
denn er weiß jetzt, es ist wahr,
sein Ruhm liegt nicht am Repertoire.
Er wurde nur aufgrund des Teints
der Lieblingssäuger von Saint-Saëns.

Das Känguru hat's ihm gesteckt,
ihn damit regelecht erschreckt,
denn am Ende seiner Mittel
fehlen ihm die Ehrgeiz-Titel:
Tiergeräusche-Hauptinspektor,
Generalmusikdirektor
für die Überwasser-Welt
und das ganze Himmelszelt.

Tun die andern noch so lässig,
sind sie heimlich doch gehässig,
komponier'n die Sinfonie
von der neuen Hierarchie,
nach dem Roten Buche Maos
mitten rein ins Tierreich-Chaos.

Dazu spiel'n zwei Antilopen
erst vertrackteste Synkopen,
dann den allerschwersten Stoff
von dem Rimsky-Korsakoff.

Echte Diven sind die Eulen
woll'n nur mit den Wölfen heulen.
So entsteht ein Sängerkrieg
rund um die Sakralmusik:

Der Dompfaff hat, floral bekränzt,
pfeifend den Choral ergänzt,
und trotz biblisch hohem Alter
kann der Adler nur den Psalter.

Der Bussard setzt sein Bierchen nieder
und stürzt sich auf die Kirchenlieder,
auch hört man aus dem Meer Mazurken
im Arrangement der Tiefseegurken.

Und wir versteh'n in neuem Lichte
die Häme der Musikgeschichte
und haben auch noch den Salat
mit dem schlechten Resultat:

Elefantenteint wird blasser
Känguru kriegt Oberwasser,
will nicht nur mit Beutel springen,
sondern aus dem Beutel singen,
plant auch einen Film dazu
namens »Schuh des Känguru«.

»Dieser Einfall ist von gestern,
wenn schon, dann Italowestern«,
meint das Trüffelschwein, »ti prego,
geh nach Hause, schon dein Ego!«

Doch der Elefant, beleidigt,
hat den Einfall noch verteidigt:
»Soll es sich doch selbst blamieren
und im Hüpfen musizieren.«

Die Fische

Kängurus könn' gar nicht singen
oder nur in Quantensprüngen.
Manchmal sind sie so infam,
so befreit von jeder Scham,
und beschallen die Natur
selbst mit Hoch-Koloratur.

Wer wird dies Gejaule hören
und nicht sofort Reue schwören,
weil er nicht was andres buchte,
sondern dies Konzert besuchte.

Mich bringt jede Arie um,
sei gelobt, Aquarium!
Denn hier herrscht nach Gottes Wille
allzeit tiefste Tiefsee-Stille.

Wer dann ganz genau hinhört,
zeigt sich ebenso verstört,
denn was intonieren sie,
diese Wassertiere, die:

»Wer zweimal mit der gleichen pennt,
wird Staatsorchester-Dirigent,
hat er sich dreimal gar verrannt,
wird er vielleicht noch Intendant.«

Das nimmt der Heilbutt sich zu Herzen,
verweigert sich Pennälerscherzen.
Blass wie ein Computer-Hacker,
trocken wie ein Sittichkracker
zieht er einsam seine Kreise.
»So ein Heilbutt hat 'ne Meise«,
findet die notorisch geile
Plötze von der Rogen Meile

Und entblößt die feuchten Kiemen,
doch er reißt sich noch am Riemen.
Drauf beginnt sie frech zu schunkeln,
lässt ihr Schuppen-Kleidchen funkeln,
wird im Algenschatten kess,
Heilbutt pupst ein S.O.S.

Diese Spur von seiner Schwäche
trifft die Wasseroberfläche
erst in Form von bunten Blasen,
kaum geplatzt, in Form von Gasen,
die dem Lurch den Atem rauben
und die Weiden fast entlauben.

Drauf der Molch sich erst mal schnäuzt
und die Flossen überkreuzt.
Er ist nicht nur melancholisch,
sondern auch noch erzkatholisch,
präpariert ein Stoßgebet,
eh ihm doch ein Licht aufgeht:

»Was sind das für Wasserzeichen:
Fische, die beim Singen laichen,
feiern jubelnd ihr Verhängnis
tausendfache Fisch-Empfängnis,
und wenn ich mich nicht verhöre –
doch, das sind die Fischer-Chöre!«

Drei Ochsen

Das Lied der Fische wirkt sehr leicht
und wie das Wasser eher seicht,
sagt doch der Volksmund suggestiv:
Nur stille Wasser, die sind tief,
und allzu laute Schwedenhappen
darf man in Untiefen verklappen.

Auch Heringstopf Hausfrauenart
klingt unter Wasser sehr apart,
zu schweigen von den Schillerlocken,
die schillern niemals, wenn sie trocken,
ja, selbst die spröde Kieler Sprotte
tanzt unter Wasser die Gavotte
und noch im tiefsten Meeressande
übt der Hummer Sarabande.

»Selbst mancher Tiefsee-Unrechtsstaat
gewinnt im Wasser Shrimps-Salat
oder macht mit seinen Minen
Jagd auf uns're Ölsardinen«,
klagt der Hecht in seiner Höhle.
»Flossen weg von unsrem Öle.«
Und die Meeressäuger-Fans
singen laut: »Give Fish a Chance!«

Da ist selbst die Scholle platt,
die ja keine Ohren hat,
und nicht weiß, wie schlecht das klingt,
was hier durch die Algen dringt.

Nur die Nixe, schaumgeboren,
zieht die Fauna mit zwei Ohren
Fischen und Amphibien vor,
»Hoch die Tür und weit das Tor«,
ruft sie rüber zu den Boxen.
Es erscheinen die drei Ochsen,
und der erste fängt pro forma
sofort an mit »Nessun' dorma«.

Doch nach ein paar abgehackten
zittrigen Eröffnungstakten
und nach Intonierungsschwächen
wie man sie nach Hals-Gebrechen
gerne auch als »Plärren« kennt,
das man »Stimmbandzerren« nennt,
gibt es nichts mehr dran zu rütteln,
man begreift mit Köpfe-Schütteln:
»Hier braucht's keinen Halsbonbon,
sondern einfach Engagement.«

»Hab' als Ochse zwar Statur,
doch die ganze Partitur
krieg' ich nur in meine Rübe,
wenn ich mehr und länger übe«,
lamentiert der Cheftenor
»Richtig!«, schreit der Vogelchor,
und Pirol und Wiedehopf
waschen ihm den Ochsenkopf,
doch am Ende schlägt zum Tanz
er den Takt mit Ochsenschwanz.

Der Kuckuck

Auch von Komponistenseite
wird die Populistenpleite
nicht nur höflich toleriert,
sondern lächelnd akzeptiert.

Also zieh'n der Ochsen-Lotti
und der Ochsen-Pavarotti
zu den Vögeln auf die Lichtung,
suchen eine neue Richtung.

Nur der Kuckuck schreit: »Mon dieu,
Ochsenstopp für Herrn Rieu!
Dieser hat sein Ohr am Pulse
seiner Zeit und seiner Schnulze,
was er fiedelt, klingt nur ochsisch
doch es wirkt entschieden toxisch.
Wer so herzerweichend schleimt,
bleibe künftig ungereimt!«

Keift der Kuckuck vor sich hin,
kriegt das Keifen tief'ren Sinn,
wenn er sich, bevor er endet,
schließlich seinen Fans zuwendet:

»Manche nennen mich eintönig,
denn ich bin kein Walzerkönig,
und noch weniger der Snob
mit dem Langhaarmähnenkopp,
komme aber noch auf Touren
mitternachts in Kuckucksuhren,
wo ich stimmlich gerne protze
und ein wenig Brut schmarotze.

Deshalb lesen die Frustrierten
gern in bunten Illustrierten,
wie ich lieb' und wie ich lebe,
beim Gerichtsvollzieher klebe,
mich und meine Lieben style
und die Eier umverteile.

Ja, mag sein, ich bin nicht massig,
aber Spezialist für Klassik,
liebe nur das reine Schöne,
nicht mal Halb- und Vierteltöne,
stimmlich himmelwärts gewandt,
bin ich für die Terz bekannt.

Und wo immer die erklingt
sagt man nicht: Ein Vogel singt,
weil es doch ganz anders groovt,
wenn man schwärmt: Der Kuckuck ruft –
was für andre auch fatal war,
denn mein Ruf ist unbezahlbar,

Doch ich bin kein Wohlstands-Dandy
und verkauf kein Kuckucks-Handy,
und es irrt, wer unterstellt,
immer ging' es nur ums Geld
denn woran ich allzeit dächte,
sei'n die Übertragungsrechte.
Nein, ich bin ihn herzlich leid,
diesen Streit ums Copyright.

Als mein Schöpfer mich erschuf,
schuf er meinen guten Ruf,
und auch ohne Variation
geht nichts ohne meinen Ton.

Hört mein reinstes Intervall!
Den Rest besorgt die Nachtigall.
Und da auch dies ruck, zuck vorbei,
bebrüt' ich rasch ein Kuckucksei.«

Die Vogelschar

Als Freunde von Spezialeffekten
präsentier'n sich die Insekten.
Gerne wohnen sie als Schwarm
in der schönsten Beautyfarm,
wo sie unter heißen Dämpfen
gegen die Verstopfung kämpfen.

Anders als der Rest der Fauna
meiden sie dann doch die Sauna,
denn mit scharfen Äther-Ölen
schwächt man nur die Nebenhöhlen,
und man braucht schon Lederhaut,
wenn man Ayurveda traut.

Doch die Grille liebt das Feeling
beim Enthaaren und beim Peeling,
und die Kopflaus kann gut leiden,
wenn sie ihr den Kropf rausschneiden.

Was die Assel gar nicht stört,
ist ihr krasses Muscle-Shirt,
und die Spinne spinnt in Sümpfen
lieber in Thrombosestrümpfen.

Nur der Floh hat keinen Bock
auf Gemüse aus dem Wok,
wer in seinen Kochtopf schaut,
sieht gebrat'ne Läusehaut.

Diese reicht er auf Magnolie,
eingepackt in Alufolie.
Sonst verbessert jeder stetig
Zug um Zug seine Ästhetik.

In den oberen Etagen
kriegt der Dompfaff Brustmassagen,
nur die seine Pimpel kennen,
dürfen ihn auch Gimpel nennen.

Eine Kur mit Lebertran
bringt Leben in den Goldfasan
und in das des Wachtelkönigs
Asche aus dem Hause Phoenix.

Andrerseits begnügt die Schwalbe
sich mit Anti-Aging-Salbe.
Nur die großen Vogelspinnen
finden, Schönheit kommt von innen.

Und für teure Eintrittsgelder
säuft die Drossel Amselfelder,
um so in der »Bar zum Finken«
sich und andre schön zu trinken.

Jetzt kann sich der Wald nicht halten,
muss sich ebenso entfalten,
denn er hat ein starkes Faible
für den Chor der tausend Schnäbel.

Also öffnen sich die Zweige,
aus dem Baumstamm platzt die Geige?
Nein, mit brustgeschwelltem Stolz
zeigt der Baum nur Geigenholz.

Erst der Specht, der dies schon kennt,
macht daraus ein Instrument:
für die einen Larifari,
für die andern Stradivari.

Drauf zieht er aus Darm die Saiten,
fängt sich selbst an zu begleiten,
denn dem ganzen Vogeldom
gilt der Specht als Metronom.

»Bravo, ja, bravissimo«,
lobt er staccatissimo.
Wirklich klang so gut noch nie
unsre Ornithologie.

Alles piept und zirpt und trällert,
wär' der Wald nicht unterkellert,
hätt' am Ende des Konzerts
jede Wühlmaus Ohrenschmerz.

Die Pianisten

Schläft ein Lied in allen Dingen,
die die Zeit im Wald zubringen,
und ganz wie im Garten Eden
kommt die Reihe mal an jeden.

Es beginnt mit leichten Stücken,
vorgetragen von den Mücken,
doch da diese schnell ermüden,
folgen Wespen mit Etüden.

Drauf die scheuen Mörtelbienen
samt gesummten Sonatinen.
Nur in komplizierten Fällen
helfen ihnen die Libellen.

Rasch gefolgt vom Chor der Hummeln,
die sich durch das Textbuch schummeln,
weil sie nichts so sehr vermissten,
wie die Proben mit Solisten.

Die Pute fühlt den Kuss der Musen
und cremt sich lieber ihren Busen,
denn so ein wenig Indezenz
täuscht über Schwächen der Kadenz.

Auch weil ihr Männchen ewig streunte,
beherrscht sie am Klavier die Neunte,
und, als wär' das nicht genug,
ebenfalls den »Hummelflug« –

Was der Truthahn gar nicht mochte.
Er, der Gott am Pianoforte
und das auserwählte Tier,
wie geschaffen fürs Klavier,
stellt sich Journalisten-Fragen,
die wir nicht zu fragen wagen:
»Warum heißt der Mann der Pute
Truthahn und nicht einfach Trute?!«

Auf dem höchsten Maulwurfshügel
wartet schon ein Steinway-Flügel,
doch der Truthahn, »this is shocking«,
trägt nicht Schwalbenschwanz, nicht Smoking.

Und die Pute, Englisch sprechend,
sich nur durch die Mimik rächend,
zuckt nicht einmal mit der Wimper,
bloß die Miene, sagt: »Geklimper!«
Ihrem Spiel hat's nicht geschadet,
auch der Maulwurf zischt: »Begnadet!«

Wenn Klaviere so brillieren,
lässt sich jeder animieren,
und zum Lob des Pianoforte
hüpft die Springmaus aus der Torte,
sie ist heut' so rattenscharf,
weil sie sich begatten darf.

Doch sie sucht, das ist die Hürde,
einen Typ mit Doktorwürde,
und der Maulwurf, den sie will,
ist nicht einmal Doktor phil.,
auch weil man ihn häufig blau sah,
kriegt er kein »honoris causa«.
»Deshalb bleibt, soweit ich sehe,
letztlich nur die wilde Ehe«,
flüstert sie, »und der Gedanke
sagt mir selbst, wie sehr ich schwanke.

Und ich spür', sein Fell ist seidig,
und ich fühl' mich so geschmeidig,
grade jetzt weckt das Klavier
auch in meiner Brust das Tier.

Wenn Männchen keinen Piller hätten,
wär'n sinnlos alle Trillerketten.
Was sich deckt, das liebt sich«,
seufzt sie und ergibt sich.

Die Fossilien

Hören Sie, die Sinfonie,
die Ensemble-Euphorie!
Niemand kann sich ihr verweigern,
jeder will die Laune steigern,
und die gute Stimmung höben
selbst Bakterien und Amöben.

Doch vom Zahn der Zeit zerkleinert,
sind sie hinfällig, versteinert.
Ohne Ehrgeiz sind die Muscheln,
wollen selbst verkalkt nur kuscheln,
weil sie nichts damit verbinden,
wie die Menschen sie mal finden.

Sorgen macht sich die Languste:
»Weil ich doch schon dauernd huste,
dass ich mit der Brust einfriere
wie die meisten Krustentiere.«

Noch ziert sich auch das Ammonshorn:
»Ich zeig mein Ammon nur von vorn.«
Die Jakobsmuschel liberal:
»Zeig es doch ruhig auch rektal,
du musst die Pose noch verfeinern,
willst du pittoresk versteinern.«

Die Schnecke hat erst rumgemäkelt,
sich aber trotzdem hingeräkelt,
und kaum hat Ehrgeiz sie gepackt
zeigt sie sich splitterfasernackt

Und schreit herum: »Ich bin bereit
als Pin-up für die Ewigkeit!
Mein Haus, das dient mir nur als Fetisch,
Hauptsache bleibt, ich wirk' ästhetisch.«

Das Gürteltier samt Gürtelrose
wirft sich in eine geile Pose.
Halb Domina, halb tougher Mann
blafft sie alle Gaffer an:
»Ihr glotzt ja so, als dachtet ihr,
ich sei ein Keuschheitsgürteltier!«

Dann hat der Oktopus gekränkt
das Augenmerk auf sich gelenkt:
»Auch wenn Ihr sonst Meriten habt,
nicht jeder ist als Stein begabt.
So sind selbst riesige Polypen
nur schwer versteinerbare Typen.«

Die Qualle schimpft: »Mich trifft's noch schlimmer,
im Stein bleibt von mir nicht ein Schimmer,
von hunderttausend Quallenleichen
bleibt allenfalls ein Wasserzeichen,
drum nehm' ich mir auch keine Zeit
für eure Art Unsterblichkeit.«

Besonders hungrig war'n zwei Mücken,
die wollten sich zu Leibe rücken,
gierten lüstern sich entgegen,
egozentrisch, jung, verwegen,
versprachen sich im Liebesrausch
den lang ersehnten Blutaustausch.

Doch bevor sie sich vereinigt,
hat der Bernstein sie versteinigt,
hat's auch noch so schön gefunkt,
kam's doch nicht zum Höhepunkt.

Und Millionen Jahre lang
währt nun schon ihr dumpfer Drang.
Noch von heut in Jahrmillionen
wird man ihrem Sex beiwohnen.

Gewiss, das Bild ist schön und schaurig,
was es darstellt, macht auch traurig,
jeden schreckt auf eig'ne Art,
wenn lebendig er erstarrt.

Spielt man nur Volkslieder-Weisen,
wird man folglich früh vergreisen,
inspiriert man nicht ihn viel,
wird der Musiker Fossil,
singt, verschlossen in dem Stein,
»Radetzkymarsch« und »Wacht am Rhein«.

Tatsächlich aber kann er mehr
als Heimatkunst fürs Militär,
drum bringt jetzt die Fossilienschar
ein Meadley aus dem Repertoire.

Der Schwan – Finale

Ach, was wird es still im Saale,
wir erreichen das Finale.
Unter Maestros sanfter Führung
sind wir Opfer unsrer Rührung,
wenn die bunten Fahnen weh'n
über allen Schwanenseen.

Denn die Sprachen der Musik,
Avantgarde, alt, antik,
europäisch, afrikanisch,
biedermeierlich, titanisch,
tanzbar, seriell, sakral,
unverständlich, atonal –
sie sind reich
wie im Vergleich
jede Gattung, Spezies, Art,
die ihr Eigenstes bewahrt,
und entfalten die Magie
der Musik-Zoologie.

Wer nur für Kuschel-Klassik wirbt,
der weiß nicht, was statt ihrer stirbt.
Der Chor aus dem Aquarium
und aus dem Lapidarium.

Versteinerungen klingen blechern
wie manche Spatzen von den Dächern.
Vergessen Sie dies Drumherum,
so klingt das Mesozoikum,
und auch die älteren Semester
sind eben Teil von dem Orchester.

Denn wer nur Neuzeit anerkennt,
nicht das fossile Instrument,
der hat vielleicht verfrüht gehasst
und so nicht weniges verpasst.

Wer umgekehrt Fossilien pflegt
und nicht auch Gegenwart verträgt,
der wird die Welt nur mehr verkleinern
und am Ende selbst versteinern.

Mag es uns auch noch so fern sein,
alles kann einmal modern sein,
und wer je mit Ahnen rang,
hütet sich vor Schwanensang.

Prompt, exakt aufs Schwanenstichwort
schickt der Maestro erst mal mich fort,
denn er watschelt schon heran,
er, der sterbend tanzen kann,
doch mit seinem Solo-Part
schlägt er häufig aus der Art
und sein stolzer Schwanentanz
zeigt nicht immer Eleganz.

Schon ganz früh, als junger Hüpfer,
schielt' der Schwan auf Ledas Schlüpfer,
fragt' sich, was Franz Schubert tät'
in dem Leid der Pubertät,
wenn nicht Liebe komponieren
und die Triebe sublimieren.
Deshalb schlief der Schwan mit Leda,
aber das kann schließlich jeder.

Da erscheint von höh'rem Wert
wirklich so ein Festkonzert,
selbst der stolze 14-Ender
zückt schon den Terminkalender,
röhrt: »Es wär' doch jammerschad' um
dieses wunderschöne Datum!«

Möge, wer dies hier vernommen
also bitt'schön wiederkommen,
und es hat auch tief'ren Sinn,
dass ich froh und glücklich bin.
Ziehn wir los, uns amüsieren,
in den Karneval mit Tieren.

Epilog

Dass Tiere sprechen, tanzen, sich verkleiden, dass sie putz-, streit- oder gefallsüchtig auftreten, das tun sie nicht zum Karneval allein, sondern seit der Antike immerzu. In Mythen paaren sie sich mit den Menschen, in Possen nehmen sie deren Gehabe an, in Satiren übernehmen sie den Staat und ruinieren ihn rasch. Tiere können die besseren Menschen sein, und manchmal sogar die schlechteren.

Dass Menschen zu Tieren werden, auch das kennt man nicht nur aus dem Karneval, ist doch der Mensch angeblich des Menschen Wolf, und wahrhaft Mensch wird mancher erst, wo er zum Tier wird. Auch ist die Literatur nicht nur in den Volks- und Kunstmärchen voller sprechender Tiere. In »Bestiarien« werden die menschlichen Spezies mit denen der Fauna gleichgesetzt, in Fabeln sprechen sie Weisheiten aus, und im 17. Jahrhundert wurde das Pferdeballett auf der Bühne als Bestandteil größerer Choreographien regelrecht zum Klassiker. Die berühmteste und am häufigsten öffentlich dargebotene »grande fantaisie zoologique« aber bleibt Camille Saint-Saëns' »Karneval der Tiere«.

Welches Tier wäre er selbst, dieser vielseitige, rätselhafte, rastlose Mann, der Dichter war und Dramatiker, Philosoph und Naturforscher, Archäologe und Ethnologe, Kritiker und Karikaturist, Komponist und Virtuose, Musiker und Musikwissenschaftler? Er hat den Bau des Kosmos und den Mars erforscht, über Spiritualismus und Materialismus nachgedacht, Verse und Theaterstücke, Polemiken und Pamphlete geschrieben, die Werke Rameaus und Glucks ediert. Er ist viele Jahre lang gereist, hat auch ethnologische Studien getrieben und war in turbulenten Zeiten ein kluger und couragierter

Vermittler der musikalischen Welten zwischen Frankreich und Deutschland.

Camille Saint-Saëns (1835–1921) war ein Wunderkind, das im Alter von drei Jahren seine erste Komposition schrieb, mit zehn sein erstes Konzert dirigierte: ein früh Vollendeter mit absolutem Gehör, ein Virtuose, und doch ein Verkannter. Zwar schrieb Franz Liszt, »unmöglich« sei es, mehr Musiker zu sein als er, Debussy lässt seinen Monsieur Croche sagen: »Saint-Saëns ist ein Mann, der die Musik in- und auswendig kennt wie kein anderer«, und Glenn Gould bekennt 1976: »Wirklich, ich bewundere Saint-Saëns!«

Doch ist er von seiner Zeit so oft gepriesen, so oft verfemt worden wie wenige Musiker vor ihm. Mal wird er ein Modernist, mal ein Traditionalist gescholten, mal erntet er schärfste Polemiken und Verrisse, mal die bedeutendsten Orden und öffentlichen Würdigungen. Die Musikkritik der Zeit hat sich vor ihm blamiert, doch es scheint ihm nicht wichtig. Unberührt geht er seinen Weg, ein Meister in vielen Gattungen, der sogar Filmmusik hinterließ, ein Eklektiker, der in vielen Stilen schreiben konnte und dessen Eigenart man spät erkannte.

Schließlich ist er eine rätselhafte Persönlichkeit gewesen, ein Einzelgänger, offenbar ohne große Beziehungen und tiefe Freundschaften, ohne Beharrungskraft einem Ort, einer Person, einer Clique gegenüber. Ob er je geliebt hat, weiß man nicht, und ob ihm sein Diener nicht näher stand als seine Ehefrau, werden wir nicht erfahren. Immerhin heiratete er, fast vierzigjährig, völlig überraschend die neunzehnjährige Schwester eines Schülers, aber in der Provinz, unter Ausschluss der Öffentlichkeit, nur standesamtlich. Vielleicht lag in seiner Kinderliebe das Motiv für diese Verbindung. Wirklich brachte Marie-Laure-Émilie bald André zur Welt, doch dieser starb zweieinhalbjährig bei einem

Sturz aus dem Fenster. Sein Bruder Jean-François erliegt mit sieben Monaten den Folgen einer Lungenentzündung. Die Ehe hält noch drei Jahre. Offiziell geschieden wird sie nicht. Doch eines Morgens im Sommer 1881 findet Madame Saint-Saëns das Bett ihres Gatten leer. Es folgt ein lapidarer Brief, in dem er mitteilt, dass er nie zurückkehren werde. Der Komponist zieht wieder bei seiner Mutter ein.

Als diese 1888 stirbt, ist Saint-Saëns 53 Jahre alt, löst alle Verbindungen und verschwindet. In Paris kursieren Gerüchte, der Komponist sei tot, verrückt oder verschollen. Tatsächlich wird er von nun an vierzehn Jahre lang keinen festen Wohnsitz mehr haben und meist unter Pseudonym von Hotel zu Hotel, von Land zu Land, von Kontinent zu Kontinent reisen. Bis nach Ceylon, Algerien, in die USA und nach Südamerika führt ihn sein Weg, und auch musikalisch schlagen sich diese Reisen nieder, in der »Suite algerienne«, in der »Nuit à Lisbonne«, der »Jota aragonese«, den »Melodies persanes« oder der Konzertfantasie »Africa«. In Deutschland ist er häufig aufgetreten, hat Uraufführungen seiner Werke hier erlebt und ist für sein Lob wie für seine Kritik der Wagnerschen Musik und Weltanschauung ebenso wie in Frankreich gepriesen, verachtet, ja auch boykottiert worden.

Selbst nachdem er 1904 wieder einen festen Wohnsitz in Paris bezogen hat, scheint Saint-Saëns dort nicht wirklich sesshaft geworden zu sein. Einsam, menschenscheu, ohne Familie, Frau oder Geliebte, den wenigen Freunden eher entfremdet, den Modernen als Konservativer ein Ärgernis, den Parteigängern alles Nationalen in der Musik eine denkmalwürdige Institution, erwägt er, das Komponieren ganz sein zu lassen, hinterlässt aber dennoch ein umfangreiches Spätwerk. Er konnte nicht anders.

Am 6. August 1921, 75 Jahre nach seinem ersten Konzertauftritt, spielt Saint-Saëns seinen letzten Klavierabend. Anschließend reist er nach Algier, um sich von einer kaum ausgeheilten Lungenentzündung zu erholen, der er kurz darauf erliegt. Die Nation gewährt ihm ein Staatsbegräbnis und ein Grab auf dem Friedhof von Montparnasse. Doch lange hat es gedauert, bis man in Saint-Saëns den »neben Gabriel Fauré (...) bedeutendsten französischen Komponisten nach Berlioz und vor Debussy« erkannte, wie Michael Stegemann schreibt.

In vielerlei Hinsicht ist der »Karneval der Tiere« untypisch für Saint-Saëns, beweist er doch einen Humor, der im Werk des Komponisten eher selten ist. Zugleich verraten der souveräne Umgang mit Stilen und Zitaten sowie die manchmal kühne Instrumentierung (man denke nur an die Akkordeonläufe in den »Fischen«, an den Einsatz des Xylophons, das von Saint-Saëns erst in die klassische Musik eingeführt wurde) den profunden Kenner der Musikgeschichte und raffinierten »Arrangeur«.

Der Einfall zu einer musikalischen Fantasie dieser Art entstand knapp dreißig Jahre nach Robert Schumanns »Carnaval opus 9«. Saint-Saëns, der wesentlich zur Entdeckung von Robert Schumanns Klavierwerk für Frankreich beitrug, kam auf diese Idee zurück, als er die Klavierklasse an der École Niedermeyer übernahm. Hier unterrichtet er später namhafte Musiker wie Gabriel Fauré. Didaktische Fragen beschäftigen ihn, und gerne schult er seine Schüler durch musikalische Parodien. Damals notiert er nur den Titel »Le Carnaval des animaux«, nicht die Noten, und nachdem er wenig später die École verlässt, dauert es gut zwanzig Jahre, bis der Komponist auf seine »Zoologische Fantasie« zurückkommt.

Saint-Saëns hatte eine Konzertreise nach Deutschland geplant, sah sich aber bereits in Berlin wegen seiner Aussagen zu Wagner mit so vehementen Entrüstungsstürmen konfrontiert, dass er sich dem Boykott seiner Konzerte beugen und nach Prag und Wien weiterziehen musste. Als er sich anschließend in einem österreichischen Dorf erholt, macht er sich endlich, in wenigen Tagen, daran, das ehemals konzipierte Stück niederzuschreiben. Anlässlich des traditionellen Karnevalskonzertes des Cellisten Charles-Joseph Lebouc wurde das Werk dann am 9. März 1886 uraufgeführt. Für keinen Geringeren als Franz Liszt, der an zwei Abenden verhindert war, wurde ein dritter – und auf lange Zeit letzter – Aufführungstermin anberaumt. Denn dem Komponisten schwante angesichts der positiven Resonanz nichts Gutes.
Tatsächlich war der Erfolg des »Karneval« insofern fatal, als er den Rest des umfangreichen Opus fast überschattete. Ahnungsvoll untersagte Saint-Saëns jede Publikation und neuerliche Inszenierung zu seinen Lebzeiten. Er war gerade einmal sechs Monate tot, da erlebte das Werk seine erste Wiederaufführung.
Einzig das berühmteste aller Stücke aus dem »Karneval«, der »Schwan«, wurde eher freigegeben. Denn die nicht minder berühmte russische Ballerina Anna Pawlowa gab nicht eher Ruhe, bis der Komponist ihr im Jahre 1905 das Recht einräumte, eine Choreographie für die in ihrem Schmelz und Zauber immer noch suggestive Komposition zu entwickeln, die unter dem Namen »Der sterbende Schwan« auch im Tanztheater unsterblich wurde.
Der »Karneval«, das leichtfüßige Produkt einer Laune, erlaubt mehrere Les-, besser Hör-Arten: Kinder folgen seiner musikalischen Fantasie so spontan wie Erwachsene. Der stoffliche Aspekt einer Programm-Musik, die

Tiere lautmalerisch charakterisiert und hörbar macht, ist so fassbar wie die kompositorische Raffinesse, mit der diese Wirkung erzielt wird. Gleichzeitig folgt das Konzept dem beliebten Gesellschaftsspiel, Kompositionen im Stile bekannter Meister erraten zu lassen: eine Gelegenheit für den Tonsetzer, sein Geschick, für den Hörer, seine Bildung unter Beweis zu stellen.

Nicht unironisch verarbeitet Saint-Saëns im »Karneval« bekannte Weisen berühmter Vorgänger, Offenbachs »Orpheus in der Unterwelt« kehrt bei den schwerfälligen »Schildkröten« wieder, Berlioz wird mit der »Verdammung des Faust« zitiert, Mendelssohn mit der Bühnenmusik zum »Sommernachtstraum«. Mit Czernys gefürchteten Etüden plagen sich die »Pianisten«, französische Volkslieder bilden das Liedgut der »Fossilien«, versteinertes Allgemeingut populärer Sangeslust? Hühner und Hähne zitieren die »Poule« von Rameau. Auch eine Arie aus Rossinis »Barbier von Sevilla« und ein Selbstzitat aus dem »Danse macabre« tauchen auf, alle noch einmal angespielt im großen Finale.

Ist mehr dahinter? Sind Musiker Tiere? Und wie kommt die Musik ins Tier? Ist das noch logisch oder schon zoologisch? Während die Komposition so sicher ins Repertoire der bekannten Musik greift, blieben die mitgegebenen Texte seltsam zeitlos. Bernstein macht einen »Zoobesuch« daraus, Loriot wie Ustinov ein Konzert der Tiere, so komisch und klassisch wie die Musik. Doch wo war der Zeitbezug geblieben? Wo die Parodie, die Persiflage, die Polemik, wo das musikalische Element, das doch im Reim seinen adäquaten Ausdruck findet? Bringen wir die Tierwelt also auf den neuesten Stand und stellen sie – im Dienst des Saint-Saëns'schen Zaubers – mit allen Pfoten und Flossen auf den Boden unserer Welt und Musikwelt!

Nachtrag

Zehn Tage, nachdem wir in seiner Wohnung den Abschluss unserer Arbeit am »Karneval der Tiere« gefeiert hatten, starb Volker Kriegel. Unser letzter Tag war sonnendurchflutet, animiert und glücklich. Die Tiere lagen auf dem Tisch, obenauf das Gürteltier in Netzstrümpfen. Wir sprachen über Flaubert und Pepys, über »Weather Report« und Branford Marsalis. Volker war zarter als ohnehin, geschwächt, dabei unsentimental und interessiert an allem. Die Arbeit am »Karneval« hat er einmal eine »lebensverlängernde Maßnahme« genannt. Warum: »Lass mich Dir zum Schluss noch etwas sagen, was Dich vielleicht freut. Auf das Zeichnen der Karnevalsviecher (...) freue ich mich nicht nur deswegen, weil es so ein schönes Projekt ist. Das ohnehin. Aber es kommt noch etwas dazu: Ich neige keineswegs dazu, die Produkte meiner Bauchladenproduktion in ihrer Außenwirkung zu überschätzen. Wenn Freunde und Publikum das ebenfalls schön finden, was ich mache, dann ist das für mich wie eine zusätzliche Belohnung. (...) Der eigentliche Wert, die tiefere Bedeutung aber liegt woanders. Wenn ich bei schönem Licht an meinem Zeichentisch sitze, wenn die Feder gut läuft und nicht hakt, wenn die Hand nicht entgleist, sondern wie von selber das tut, was oben in der Phantasieabteilung mehr oder minder deutlich geplant ist, kurzum: an guten Tagen überkommt mich bei dieser Tätigkeit schon sehr bald ein gewisses Glücksgefühl, oder besser: eine tiefe innere Ruhe. Es ist wie eine sehr irdische, aber umso intensivere Meditation. Um diesen Zustand zu erreichen, müssen andere Leute im schmerzhaften Lotossitz acht Stunden lang laut ›Omm‹ sagen. Da hab ichs echt besser.«
Einen liebenswürdigeren Mann habe ich nicht gekannt.

Roger Willemsen

5 6 7 04 03

Umschlaggestaltung: Christiane Hahn
unter Verwendung einer Illustration von Volker Kriegel
Lektorat: Heike Baryga
Layout und Satz: Susanne Reeh
Druck und Bindung: Fuldaer Verlagsagentur, Fulda
ISBN 3-8218-0947-7

Verlagsverzeichnis schickt gerne:
Eichborn Verlag, Kaiserstraße 66, 60329 Frankfurt/Main
www.eichborn.de